COLBERT

4ᵉ SÉRIE IN-12

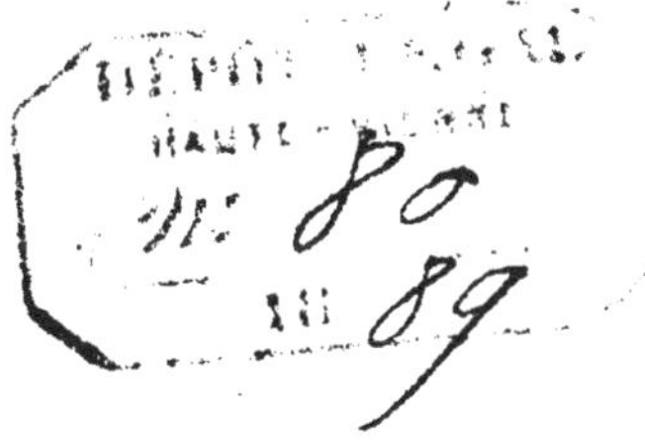

COLBERT.

LE SURINTENDANT

COLBERT

SA JEUNESSE

SON ADMINISTRATION ET SES RÉFORMES

PAR

H. DE FONT RÉAULX.

LIMOGES

EUGÈNE ARDANT ET Cⁱᵉ, ÉDITEURS.

COLBERT

L'un des plus grands hommes d'Etat de l'ancienne monarchie, Jean-Baptiste Colbert, naquit à Reims, le 29 août 1619. Ses ancêtres descendaient d'une ancienne famille d'Ecosse. Etablis à Troyes, les Colbert y tenaient, dans le haut négoce, une importante situation. Instruits, laborieux, économes, intelligents, éclairés, ils faisaient un commerce étendu avec les pays étrangers. Le jeune Colbert voyagea beaucoup dans sa jeunesse pour les

affaires commerciales de l'un de ses on-
cles. Il avait des habitudes d'exactitude,
d'ordre, de probité et d'activité qui ne le
quittèrent jamais. Placé à Paris, chez
les banquiers du cardinal Mazarin, les
Italiens Cerasmi et Mascerani, il devint
rapidement un employé de premier ordre
et, dans les bureaux de la Banque, l'on
citait avec éloge, son habileté, son savoir
faire et ses connaissances élevées en matière de finance et de commerce. Le cardinal Mazarin, qui était en relations jour-
nalières avec ses banquiers et avec leurs
commis, remarqua l'intelligence et les
aptitudes du jeune Colbert. Un parent
éloigné, Saint-Pouange, beau-frère du
conseiller d'Etat Le Tellier, pria le cardinal de s'intéresser au jeune commis de
banque. Mazarin se l'attacha, comme
Richelieu s'était attaché Mazarin, en
qualité de secrétaire et il le chargea, à
cause de ses connaissances toutes spéciales, de rechercher les fraudes et les

erreurs volontaires que présentaient les
comptes des traitants, des fermiers généraux et des financiers dont les dilapidations rongeaient les budgets de l'Etat.
Nommé conseiller d'Etat, à l'âge de
29 ans, Colbert épousa la fille de Jacques
Charon, seigneur de Ménars et bailli de
la ville de Blois. Le père de Colbert fut
nommé seigneur de Vandière, gouver-
neur de Fismes, près Reims, et maître
d'hôtel du roi Louis XIV. Ce qui fit la
fortune de Colbert ce fut sa haute probité, son courage au travail et ses vertus
privées. Au milieu de la société corrom-
pue de l'époque, son caractère ferme,
impassible, austère, désintéressé, éton-
nait et attirait. Sa probité rude, son exactitude lui valurent tout particulièrement
l'estime et la confiance absolue de Mazarin. Il le nomma intendant des biens de la
maison d'Anjou, puis le créa secrétaire
des commandements de la reine. Colbert
suivit Mazarin en Bourgogne, en Cham

pagne, en Guyenne, en Picardie ; il était chargé du payement des dépenses des armées du roi. C'était là un poste de confiance et Colbert en était très digne. En 1651, Mazarin fut forcé de quitter la France, par suite des complications des événements politiques et à cause de la haine qu'il inspirait aux grands avec lesquels la royauté devait compter, à ce moment là. Retiré à Cologne, le ministre continua à gouverner la France de cet exil. Ce fut Colbert qui joua le rôle si délicat et si difficile d'intermédiaire, entre Mazarin et les ministres de la reine régente, Le Tellier, Lionne, Servien. Il recevait à Paris la correspondance et les instructions de Mazarin, il les communiquait à la reine qui en échange lui donnait, pour son maître, toutes les indications et les renseignements utiles. Personne ne soupçonnait cette intervention et cette action occulte de Colbert. Il mit tant de réserve et de secret dans ses négociations que

Condé lui-même qui épiait tout, qui sur-
veillait activement le conseil et la régente,
ne se douta jamais de rien.

A son retour en France, Mazarin qui
savait reconnaître les services rendus,
mérite rare chez les hommes politiques,
récompensa convenablement Colbert; il
donna à l'un de ses frères plusieurs bénéfices et en nomma un autre directeur des
droits des prises en mer. Colbert fut très
touché des sentiments de Mazarin à son
égard et il lui écrivait, le 9 avril 1655,
une lettre où l'on trouve le passage
suivant : « Je supplie Votre Eminence de
trouver bon que je ne paraisse pas insen-
sible à tant de faveurs qu'elle a répandues
sur moi et sur ma famille, et qu'au
moins, en les publiant, je leur donne la
sorte de payement que je suis capable de
leur donner. »

En 1659, Mazarin se décida à porter
secours aux Candiotes, attaqués par les
Turcs, puis à réclamer du pape, pour le

duc de Parme, allié de la France, le duché de Castres. Colbert fut par lui chargé des négociations compliquées qui furent nécessaires à ce moment. Comme tous les diplomates portaient des noms nobles, et qu'un roturier comme Colbert eût été assez gêné dans les réceptions et dans les solennités des cours de l'Europe, Mazarin lui conféra le titre de marquis de Croissy. Colbert se rendit à Rome, à Florence, à Gênes, à Turin. Par suite de circonstances diverses les négociations de Colbert ne purent avoir de suite; le pape détestait Mazarin et les troupes envoyées au secours de l'île de Candie furent insuffisantes. A son retour en France, Colbert rapportait une certaine expérience des affaires diplomatiques, des notes précieuses sur quelques sujets qui l'intéressaient tout spécialement. Il avait étudié les usages et la législation commerciale et financière des villes de l'Italie, dont les relations avec l'Orient occasionnaient un mouvement d'affaires considérable. En rentrant à Paris, en 1660, il trouva le cardinal Mazarin presque mourant, mais toujours puissant et actif. Pris de remords à cause de ses gains au jeu et de ses dilapidations considérables, Mazarin malade ne savait comment se réconcilier avec sa conscience. Colbert, qui connaissait toutes ses affaires, lui conseilla de léguer au roi, par testament, tous ses biens, l'assurant que Louis XIV refuserait et que son immense fortune reviendrait alors à ses héritiers naturels. Mazarin ne s'y fiait pas trop. Enfin, il se décida, fit son testament en faveur du roi, et le fit aviser par Colbert de sa détermination. Louis XIV refusa d'être le légataire de son ministre et se rendant compte des scrupules qui le poursuivaient, il autorisa Mazarin à disposer de tous ses biens à sa guise. Colbert, à cette époque, travaillait fréquemment avec le roi, au lieu et place de Mazarin, dont la maladie se prolongeait et devenait de plus en plus grave. Ce fut dans ces conférences avec le roi que Colbert lui expliqua les procédés employés par les financiers, pour voler l'Etat, et le système des péculats du surintendant des finances Fouquet. Mazarin mourut en légant à Colbert un hôtel à Paris, et ordonna qu'on lui remît toutes les pièces d'Etat relatives à des négociations et à des affaires de la plus haute importance. A son lit de mort, le cardinal dit au roi : « Je vous dois tout, sire, mais je crois m'acquitter en quelque sorte avec Votre Majesté, en vous donnant Colbert. » Louis XIV déclara alors qu'il entendait gouverner personnellement, et il nomma immédiatement Colbert intendant des finances, contrôleur-général et secrétaire d'Etat.

Voici comment Michelet apprécie les commencements de Colbert :

« Les Colbert offraient le contraste

d'une origine fort roturière et de marchands, avec une grande bravoure, le
courage militaire et l'intrépidité d'esprit.
Colbert eut trois fils tués sur le champ de
bataille, ou blessés. Ce courage, dans un
des membres de la famille, leur oncle, le
conseiller Pussort, tournait à la férocité.
Pour le ministre, ceux qui le virent
avouent n'avoir rencontré nulle part un
homme de tant de cœur, qui eut un caractère si fort, si violent, un honnête homme
était sorti de la plus sale maison de
France. Colbert était intendant de Mazarin. Il avait manié ses vols, en gardant
les mains nettes, très probe à l'égard de
son maître. Du reste, il n'eut pas du tout
la tradition de Mazarin, mais plutôt quelque chose de l'âme de Richelieu, son
patron, son idole, et l'unique saint de son
calendrier.

Comment prit-il le roi? par deux choses
très simples : 1° en lui donnant dans la
main plus d'argent qu'il n'en avait eu de

sa vie; 2° en lui persuadant qu'il ferait tout lui-même, lui montrant pièces et chiffres, du moins quelques calculs sommaires, qui lui feront croire qu'il tenait tout. La fortune de Mazarin la plus grande qu'un particulier ait jamais faite, était de cent millions d'alors. Il y avait quinze millions en espèces, cachés dans des forteresses. Fouquet n'en dit rien et Colbert le dit. Le roi, en laissant à la famille la fortune apparente, saisit la fortune cachée et se trouva un moment le seul riche des rois de l'Europe. »

Louis XIV confia bientôt à Colbert le ministère de la marine, du commerce et des manufactures. Ce fut dans cette fonction là, qu'il concentra son action.

Il arriva à s'emparer de l'esprit de Louis XIV, en lui laissant croire qu'il faisait tout par lui-même.

La première pensée de Colbert fut pour le peuple. Il convient de reconnaître que le peuple ne lui en sut jamais gré et que

Jamais Colbert ne fut apprécié à sa valeur
par l'opinion publique, toujours facile à
égarer. L'impôt de la taille frappait exclusivement sur le peuple. C'était pour
lui une charge lourde. La situation financière était, du reste, tout entière à réfor-
mer. En 1661 la France payait enviro.
90 millions d'impôts, sur lesquels 35 millions seulement revenaient à l'Etat, à
cause des frais de perception et des rentes qu'il fallait servir. En outre deux
années de revenu étaient toujours con-
sommées à l'avance. Dans le budget, la
taille entrait pour 53 millions. Colbert
arriva à la réduire à 32 millions de livres.
Il préférait les impôts à prendre sur la
consommation à ceux qui frappent directement les contribuables. Dès les premiers moments une affaire de la plus
haute gravité se présenta. Les dilapidations du surintendant Fouquet étaient
depuis longtemps l'objet de l'attention de
Colbert et de Louis XIV, mais il conve-

nait de temporiser et de ne faire un éclat
qu'au moment opportun. Fouquet était
procureur-général du Parlement de Paris,
et en cas de procès criminel contre lui, le
Parlement avait le droit de le juger. Or,
Louis XIV et Colbert n'avaient pas confiance dans l'équité et dans les lumières
du Parlement. Colbert fit comprendre à
Fouquet qu'il n'était pas convenable qu'un
surintendant des finances fut, en même
temps, procureur-général. Ce cumul était
en effet assez anormal; Fouquet se décida
à vendre sa charge de procureur général.
D'un autre côté, Fouquet dont la fortune
était considérable avait fait fortifier son
château de Belle-Ile-en-Mer, et là il pouvait soutenir un véritable siége. Colbert
signala ce danger à Louis XIV, qui se
rendit immédiatement à Nantes, où il
appela Fouquet et Colbert en même temps.
Les deux rivaux voyageaient sur la Loire
dans deux bateaux différents. « L'un cou-
lera l'autre à fond, » disaient les rive-

rains en voyant passer les bateaux, ce fut Fouquet qui fut coulé. Le roi le fit arrêter et emprisonner.

On a reproché à Colbert certaines indélicatesses pendant le procès du surintendant Fouquet, mais les preuves manquent et l'on ne peut guère blâmer Colbert de s'être activement employé au service de la France et du roi, pour démontrer, par tous les moyens en son pouvoir, la culpabilité et les rapines du surintendant. Une chambre de justice, trente-huit mois après l'arrestation de Fouquet, statua sur les nombreux griefs articulés contre lui. Un oncle de Colbert, Pussart, faisait partie de ce tribunal exceptionnel et vota pour la mort, mais la clémence l'emporta et le bannissement fut prononcé. Louis XIV aggrava la peine en la transformant contre toute équité, en un emprisonnement perpétuel en la forteresse de Pigneral, où Fouquet mourut après une détention illégale de dix-neuf années.

Colbert fut nommé surintendant des finances à la place de Fouquet. Tous les amis de celui-ci, et ils étaient nombreux et puissants, Mme de Sévigné et La Fontaine étaient parmi eux, se trouvèrent contre Colbert et ne lui épargnèrent ni les injures ni les pamphlets. Il ne s'en occupa pas du tout et se consacra exclusivement aux devoirs de sa fonction. Il dédaignait, du reste, absolument les intrigues et travaillait uniquement pour le bien du pays.

« Une pensée plus élevée et plus juste, dit M. Baudrillard, dominait, il faut le reconnaître, le patriotique esprit du ministre. Il croyait qu'une grande nation comme la France devait être *à la fois agricole, manufacturière et commerciale :* idée véritablement nationale et fondée en elle-même, mais si une grande contrée doit réunir ces attributions, doit-elle chercher à posséder chacune d'elles au même degré? En ce qui concerne parti-

culièrement la France, était-ce du côté
les manufactures que le pouvoir, d'un
mouvement brusque et d'une main obsti-
née, devait s'attacher à faire pencher la
balance et à la maintenir coûte que
coûte? Pour les industries véritablement
fécondes, la liberté, guidée par l'intérêt
personnel, n'aurait-elle pu les former tout
aussi bien que la protection? N'aurait-
elle pas eu pour cela plus d'esprit même?
Car l'homme d'Etat qui fait des essais
n'expose que le trésor public, ce qui ne
le rend pas toujours fort circonspect,
tandis que le particulier, dans les essais
auxquels il se livre, expose sa fortune
propre. Enfin, si un stimulant était nécessaire, un système de primes et d'encou-
ragements n'aurait-il pas remplacé avan-
tageusement la prohibition et même la
protection douanière? Quoi qu'il en soit
de ces objections adressées à la valeur
du système protecteur, même dans le
passé, ce qui ne s'est jamais vu, c'est

qu'un pays comme la France restât pure-
ment agricole. La condition d'une agriculture féconde, pour tout pays d'une vaste
étendue, c'est de trouver à l'intérieur
d'abondants débouchés, et l'industrie
seule est en état de les lui donner; elle
seule met un prix élevé aux denrées agri-
coles par la demande qui en est faite tant
pour l'usage des manufactures que pour
les besoins des populations. Comme on l'a
répété souvent, c'est la richesse des villes
qui fait celle des campagnes. Un peuple
qui ne serait qu'agricole, à moins de
tenir infiniment peu de place sur la carte
et de n'être en quelque sorte qu'une
manufacture à grains, présenterait une
population très clair-semée et très pauvre. Or la France n'en était pas là. Il
suffit de rappeler qu'un des considérants
invoqués par Colbert en propres termes,
c'est le rétablissement de la prospérité
des anciennes manufactures. »

D'autre part, voici en quels termes

Michelet apprécie d'une manière générale l'œuvre de Colbert :

« Puissance créatrice! un monde, une France nouvelle naissait de la pensée du roi. Le roi voulait, Colbert écrivait. Son ouvrier Colbert, son commis, son bœuf de labour, le secrétaire de son génie, venait par un mortel travail de faire, ce que le roi avait conçu en se jouant, une construction énorme, inouïe, de fantastique grandeur. En cette création multiple, tout se trouve à la fois : les lois, les instruments des lois, les choses avec les hommes, administration, industrie, commerce, enfin, par-dessus, la machine à faire marcher tout, bien ou mal, la bureaucratie.

Les lois (1667-1670). Des travaux immenses du seizième siècle qui a tout préparé, les commissions de Colbert tirent l'Ordonnance civile et l'Ordonnance criminelle. *Les voies de communications.* Le grand système de nos routes royales est commencé. La merveille du canal des deux mers est trouvée par Riquet, et en dix ans exécutée. Les douanes intérieures de province à province sont supprimées, au moins pour la moitié de la France. *Nos colonies* rachetées aux particuliers qui s'en étaient faits souverains. Des compagnies de commerce créées. Hors une seule, ces compagnies ne sont plus exclusives; on y entre en mettant des fonds. La *marine* se fait par enchantement. En quatre années, 70 bâtiments; en six 194, dont 120 vaisseaux (1671); mais le plus fort, c'est la marine vivante, le peuple des marins mis sous la main de l'Etat. Cette France obéissante, en 1668, subit le régime des classes, où le roi déclare siens tous les matelots, pouvant les sommer à toute heure de quitter le service lucratif du commerce pour le service dur et pauvre des bâtiments de guerre. Et à côté de l'armée maritime, surgit de terre *l'armée industrielle.* On ne peut nommer autrement l'organisation que Colbert donne aux fabriques. Une France d'ouvriers en face de la France agricole. Quelle sera cette création ? A son premier essor (1664) on la croirait républicaine. Colbert, dans chaque ville, veut que les négociants élisent, envoient deux députés qui apportent leurs observations. Tout litige entre le commerce et le fisc est jugé par un comité de trois négociants et trois fermiers généraux. De toute l'Europe, Colbert appelle des industries nouvelles. Les droits qu'il met, en 1664, sur les toiles et draps hollandais, anglais, permettent aux nôtres d'essayer ces grandes fabrications. Ces droits doublés, en 1667, fermant tout à coup le pays aux produits étrangers, donnent un mouvement subit, violent, quasi fébrile à l'industrie française. En 1669, la laine occupe 44,000 métiers. Lyon tout à coup devient énorme, exporte des soieries pour 50 millions. Des fortunes subites se font ici et là. Que sera-ce, quand l'industrie aura gagné partout? quand la France maîtresse des mers, ayant succédé à l'Espagne, converti, brisé l'Angleterre, à la barbe des Hollandais, exploitera les Indes, et, dans ses nouveaux ports de Brest, Rochefort, Dunkerque, verra venir les galions? mais qu'aura la Hollande? ce qui la fit jadis, le hareng saur et la morue.

Telle fut l'extraordinaire ivresse et la violente fièvre qui tenaient les plus fortes têtes, non le roi seulement, mais Colbert, mais la France. Tout possible en paix et en guerre. L'administrateur de la guerre, Louvois, face rouge et tête de feu, plus violent encore que Colbert, brûlait de lancer sur l'Europe le char du roi, et, quoi qu'on opposât, répondait de passer dessus. »

Pour bien se rendre compte des travaux et des œuvres de Colbert, il convient de procéder, par ordre, à leur examen. Commençons par les finances, puis nous examinerons les unes après les autres, ses réformes en ce qui concerne la législation, le commerce, l'industrie, la marine, l'agriculture, les bâtiments, la protection aux sciences, aux lettres et aux arts.

Comme Richelieu, Colbert fut violent et même féroce pour le bien. Il institua une chambre de justice extraordinaire pour la recherche des abus et le châtiment des malversations commises depuis vingt-cinq ans dans la gestion des finances du royaume. Il obligea tous ceux qui avaient manié les fonds de l'Etat à justifier, *sous huit jours,* de l'origine de leur fortune. Une circulaire fut adressé à tous les curés du royaume et lue en chair dans toutes les paroisses pour invite tous les habitants à signaler les abus dont ils avaient pu être les victimes de la part des financiers. Un nombre considérable de traitants et de sous-traitants furent pendus. Un grand nombre de personnes riches furent emprisonnées. Il régnait

alors une sorte de terreur que l'on nomma
la terreur de Colbert. En Bourgogne lo
peuple délégua spécialement des députés
chargés de signaler les exactions qui
avaient été commises dans cette province.

Colbert supprima les trésoriers, les con-
trôleurs-généraux, les directeurs des
finances. Il institua une commission des
finances qu'il présida lui-même et qui
centralisa tout le service financier. Il
modifia de fond en comble la comptabilité
des receveurs et des fermiers-généraux
qui était alors trop compliquée et qui pouvait trop aisément, dissimuler les erreurs
ou des fraudes. Les indemnités qu'il fit
imposer aux financiers poursuivis, produi-
sirent 35 millions. Il diminua le revenu
des rentes et réalisa par-là une économio
considérable. La bourgeoisie de Paris,
qui avait ses fonds en rentes sur l'Etat,
réclama. Le poète Boileau, se fit l'écho do
ses plaintes. Quelques adoucissements
furent, par la suite, apportés dans l'appli-

cation des nouvelles mesures. Jusqu'alors
l'Etat payait un intérêt considérable à
ses créanciers : 15, 20 0/0, quelquefois
plus. La bonne gestion de Colbert et la
sécurité qu'il donna aux rentiers lui per-
mirent de réduire à 5 0/0 le taux de l'intérêt des rentes. Il supprima un grand
nombre d'emplois et de charges qui ne
servaient qu'à pressurer les contribuables
sans utilité pour le pays. Colbert ne se
borna pas à la réforme des finances de
l'Etat, il intervint dans la comptabilité
des communes où de nombreux abus
s'étaient également introduits. Il cassa
tous les baux des octrois qui furent ensuite rédigés sur de nouvelles bases plus
conformes aux intérêts des villes.

Un grand nombre de personnes ne
payaient pas la taille qui pesait si lour-
dement sur le peuple des campagnes.
Colbert fit réviser tous les titres des gens
qui se prétendaient nobles ou exempts de
la taille. Dans la Provence seule, on

trouva 1,257 personnes qui se disaient nobles et qui ne l'étaient pas du tout. L'impôt de la taille leur fut en conséquence appliqué. Un recensement général eut lieu dans le même but, dans toutes les provinces du royaume.

Cette réforme accomplie dans les contributions directes, Colbert s'occupa des impôts indirects. Remarquant que la consommation d'un produit fortement imposé, s'augmente sensiblement, si l'on diminue l'impôt d'une manière notable, il réduisit de 33 0/0 l'impôt perçu par les aides et les fermes qui correspondaient à l'administration des contributions indirectes de nos jours. Le résultat répondit immédiatement à l'attente de Colbert; une augmentation se produisit dans le rendement des impôts indirects. En 1661, un excédant de 3 millions se produisit et s'éleva, après quelques années, à 21 millions. Voici du reste le résumé d'une note remise par Colbert lui-même, à Louis XIV, dès le mois de décembre 1662 sur cet important sujet.

« En septembre 1661, le revenu était réduit à 21 millions, et encore mangé pour deux ans ; aujourd'hui, seize mois après, il a augmenté de 50 millions. . Alors le roy payait 20 millions d'intérêt ; aujourd'hui, pas un sou ; alors le roi dépendant des financiers, ne pouvait faire aucune dépense extraordinaire ; aujourd'hui, après son achat de Dunkerque, l'Europe l'a vu si riche, qu'elle tremblait de lui voir acheter toutes les places à sa convenance ; alors point de marine, aujourd'hui, 24 vaisseaux viennent d'être construits, lancés ; on a préparé des galères, etc... Sous cette protection, le commerce multiplie ses vaisseaux. Alors, l'art et l'éclat, le luxe étaient chez les ministres, aujourd'hui chez le roi. Le roi n'avait que 8,000 livres pour l'embellissement des maisons royales, il vient d'y mettre de 2 à 3 millions. »

Colbert était un financier de premier ordre. Tout à coup il se révéla jurisconsulte. Il entreprit la refonte générale des lois et ordonnances. Le 15 mai 1665, il adressa au roi un mémoire dans lequel son plan était exposé : Il institua auprès du roi un conseil particulier, une sorte de conseil d'Etat, composé de conseillers et d'avocats au Parlement et divisé en trois sections, l'une civile, l'autre criminelle, la troisième de police et d'administration. Chaque parlement de province et chaque cour de justice fut invité à se rassembler et sous la présidence de maîtres des requêtes envoyés exprès de Paris, à délibérer et à discuter, dans de fréquentes conférences, sur les projets d'ordonnances nouvelles et sur les réformes à introduire dans la législation.

Il entreprit une campagne très active contre les exactions et les turpitudes de la noblesse de province, et envoya des commissaires royaux chargés de jug les seigneurs qui s'étaient rendus coupables de crimes. *Les grands jours d'Auvergne* épouvantèrent les hobereaux qui pressuraient les populations des campagnes et qui rançonnaient les marchands.

Colbert pour donner plus de sécurité à ceux qui prêtaient de l'argent aux nobles, organisa la publicité des inscriptions hypothécaires. Par ce moyen, chacun ayant le droit d'aller consulter la situation des biens immeubles de tout propriétaire et pouvant alors se rendre compte des sommes précédemment prêtées hypothécairement, il devenait plus facile aux propriétaires d'emprunter à un taux réduit. La noblesse s'insurgea contre ce système, prétendant que nul n'avait le droit de révéler au public la situation financière et les affaires privées d'un seigneur. Louis XIV céda et rapporta l'ordonnance sur la publicité du régime hypothécaire.

En matière de finances, Colbert avait

une théorie qu'il exposait souvent au roi :
« Il faut, lui disait-il, épargner cinq sous
aux choses non nécessaires, et jeter les
millions quand il est question de votre
gloire. Un repas inutile de 3,000 livres
me fait une peine incroyable, et lorsqu'il
est question de millions d'or pour la
Pologne, je vendrais tout mon bien, j'en-
gagerais ma femme et mes enfants, et
j'irais à pied toute ma vie pour y fournir. »

A la fin de sa carrière, il était parvenu
à mettre non seulement de l'ordre dans
les finances, mais chose plus difficile
qu'on ne le croit, il était arrivé à y ap-
porter la lumière, et les budgets, la comptabilité de l'Etat, eurent grâce à lui une
grande clarté. Ce qui avant lui n'était
qu'un chaos, un labyrinthe inextricable,
un dédale embrouillé, devint une œuvre
simple, nette où chacun pouvait se rendre compte de l'origine et de la nature
des recettes, de l'emploi et de la justifi-

cation des dépenses. Ceux qui sont au courant des questions financières se rendent compte de l'immense service rendu par Colbert à la France, et même aujourd'hui l'on en éprouve les effets bienfaisants.

Il s'occupa d'une manière toute spéciale des postes du royaume. Avant lui, cette branche de l'administration était comprise dans le bail général des aides et les fermiers qui en percevaient les revenus ne versaient au trésor public qu'une somme insignifiante. Les postes instituées par Louis XI, en 1464, pour le service de son gouvernement n'avaient pas encore pour but de donner satisfaction aux mille intérêts privés du commerce, de l'industrie et des particuliers. Ce moyen puissant, développé aujourd'hui si heureusement pour le bien de l'activité nationale, était alors absolument négligé. Il était très difficile de faire parvenir une lettre de Paris à Pontoise, quant à l'envoi d'un

colis, c'était une affaire presque impôs-
sible à réaliser. Tout ce qui nous paraît
si simple aujourd'hui avec les procédés
rapides de locomotion, avec la vapeur, le
télégraphe, le téléphone, n'était pas
réalisable au temps où les routes n'étaient
même pas encore construites, où les
diligences ne marchaient pas encore, si
ce n'est aux environs de la capitale. Les
conditions sociales, au xviie siècle, étaient
bien différentes de celles de la fin du xixe!

Les fermiers et les commis des aides se
faisaient payer très cher pour consentir
à transporter les lettres des particuliers,
et l'Etat ne retirait de ce service public
que 100,000 francs de revenu annuel. Ils
s'enrichissaient aux dépens du trésor
public. En 1654 les corps des marchands
de Paris, adressèrent au roi de très hum-
bles remontranoes au sujet des inconvé-
nients de cette situation. Colbert comprit
qu'il était nécessaire de créer une administration spéciale pour les postes, il

sépara ce service du bail des aides et établit un tarif pour le port des lettres. Se rendant compte que plus la taxe serait faible plus le nombre des lettres envoyées par la poste augmenterait, il fixa un chiffre, relativement infime pour l'époque, de deux sous, le prix du port d'une lettre dans un rayon de vingt-cinq lieues et de cinq sous pour les distances supérieures. Dès la première année, au lieu de 100,000 livres, les postes rapportèrent à l'Etat 1,200,000 livres. De la ferme du tabac qui produisait avant lui 500,000 livres, Colbert retira 1,600,000 livres. Il vendit un nombre considérable de petits lopins de terre que l'Etat possédait de tous côtés et qui ne rapportaient absolument rien.

Colbert créa une institution qui a donné naissance par la suite à la Banque de France. Il établit *la Caisse d'Emprunt* où chacun pouvait porter librement ses fonds et les retirer à son gré, avec un intérêt de 5 0/0 par an.

A sa mort, Colbert avait relevé les revenus de l'Etat de 84 à 112 millions, et
cependant il avait réduit les tailles de 22
millions. Il avait fait une meilleure répar-
tition des impôts. C'est là l'un des plus
grands soucis des réformateurs des Etats.
En 1662, une disette effroyable se produisit. Colbert apporta la plus scrupu-
leuse attention à en conjurer les misères.
Il fit venir, à grand frais, du blé dans la
capitale, en fournit à l'Hôtel-de-Ville une
quantité suffisante pour permettre des
distributions gratuites aux malheureux.
Il en donna à l'hôpital général, de façon
à nourrir les 7,000 pauvres qui s'y trou-
vaient logés, puis il publia un édit ordon-
nant l'établissement dans chaque ville et
bourg du royaume, d'un hôpital pour les
malades pauvres et pour les mendiants et
orphelins (juin 1662). C'est véritablement
à Colbert que la France est redevable de
l'organisation du service si important et
si démocratique de l'assistance publique.

Comme Richelieu, Colbert s'efforça de réfréner le faste insensé de la noblesse et des hautes classes; il défendit de porter notamment des passementeries d'or et d'argent.

CHAPITRE II

Le commerce avec les Indes était considérable, la compagnie hollandaise réalisait d'énormes bénéfices. Il existait en France une compagnie analogue, mais elle fonctionnait mal. Colbert s'en occupa tout spécialement. Par un édit du 28 mai 1664, il réorganisa *la Compagnie des Indes occidentales*. Il acheta d'importants territoires dans les Indes et en Amérique, et concéda à une puissante société le privilége du commerce aux Indes, dans une partie de l'Amérique, au Canada et dans une partie de l'Afrique. La compagnie, qui possédait de nombreux vaisseaux, entreprit de lutter avec les sociétés similaires des autres nations.

Il n'existait pas *de Compagnie des Indes orientales*. Plusieurs financiers s'étaient réunis, mais leurs efforts avaient été vains; d'importants capitaux avaient été engloutis sans résultats. Le public ne se rendait pas compte de ces catastrophes. Pour l'éclairer, Colbert chargea un académicien, M. Charpentier, de rédiger une brochure dans laquelle il expliquait les causes diverses des insuccès que l'on avait éprouvés jusqu'alors. Les fonds engagés avaient été trop faibles pour une entreprise aussi vaste, les comptoirs établis avaient été choisis sans discernement, ce n'était pas à Batavia qu'il convenait de s'établir, les populations de l'île de Java étant trop belliqueuses et ayant en horreur les chrétiens, mais il y avait les plus grandes chances de réussir à Madagascar, dont les habitants *bonaces* étaient accessibles aux commerçants *et paraissaient disposés à recevoir l'Evangile.* De plus, Madagascar était un centre d'où l'on rayonnait facilement, sans longues courses et sans grands dangers, vers la mer Rouge, le golfe de Bengale, la Chine, le Japon. En outre, les navires étaient assurés de retourner, chargés, en partant de France pour rentrer à Madagascar, tandis qu'il n'y avait presque rien à vendre aux indigènes de Batavia.

Pour établir la nouvelle compagnie, un fonds de 6 millions était nécessaire, le roi devait y contribuer pour un dixième, et plusieurs grands seigneurs promettaient trois millions. Louis XIV, à la demande de Colbert, écrivit aux syndics, maires et échevins des grandes villes et aux principaux fonctionnaires de la France, pour expliquer l'organisation de la nouvelle compagnie et les engager à s'y intéresser même pécuniairement. Devenir actionnaire de la compagnie des Indes, fut une bonne recommandation auprès de Colbert. Un grand nombre de financiers avaient été condamnés à payer d'énormes amendes, ils furent autorisés à les employer en achat d'actions de la compagnie. Le capital primitivement fixé à 6 millions, fut élevé à 15. Le chancelier Séguier, sur l'ordre du roi, invita tous les membres du Parlement à prendre des actions de la compagnie. Colbert exerça une véritable pression sur tous les agents de l'Etat, et ils étaient nombreux, afin d'arriver à la constitution complète du capital social. La société fut instituée définitivement par édit du mois d'août 1664. Chaque action était de 1,000 francs payables par tiers. Le roi souscrivit pour 3 millions, sans intérêt ni dividende, et ces 3 millions, en cas d'insuccès, devaient être absorbés les premiers par les pertes qui se produiraient. La durée de la société était fixée à cinquante années. Mais elle constituait un fief spécial et devenait propriétaire à perpétuité, avec justice et seigneurie, de toutes les terres, places, îles, etc., etc., qu'elle arriverait à conquérir sur les ennemis de la France et sur les indigènes, ainsi que de toutes mines d'or, d'argent, etc. L'Etat s'engageait, en outre, à lui fournir au prix de revient, tout le sel dont elle aurait besoin, et à lui verser 50 francs par chaque tonne de marchandises exportée de France, et 25 francs par tonne importée en France par ses soins. La compagnie devait établir, à ses frais, des tribunaux qui devraient juger, d'après les lois de la France, et se conformer au texte de la *Coutume de Paris*. Elle devait bâtir des églises et payer le clergé qui y serait attaché. Malheureusement, il fut ajouté par la suite, un si grand nombre de règlements, de prohi-

bitions, de pénalités à ces premières dispositions que la marche de la société fut
entravée. Introduire dans l'île de Madagascar *la coutume de Paris*, y faire exécuter des ordonnances minutieuses était
chose impossible. Malgré les offres les
plus séduisantes et les promesses les plus
sérieuses, un bien petit nombre de colons
se présentèrent. Les directeurs de l'ex-
pédition n'étaient pas au courant des
habitudes du commerce et ne connais-
saient pas le pays ; des difficultés s'élevèrent entre eux pour les mille détails de
l'exécution ; des tiraillements se produi-
sirent ; personne ne voulait obéir, tout
le monde voulait commander. Il n'y eut
ni ordre ni économie. Ce fut une dilapi-
dation générale. Les 3 millions du roi
furent rapidement dévorés, il en ajouta
un quatrième, mais les actionnaires hési-
tèrent à verser le second tiers de leur
souscription et ils refusèrent de payer le
troisième. A ce moment même, en août

1670, la compagnie hollandaise des Indes distribuait, elle, 40 0/0 de dividende à ses actionnaires ! Colbert fit des efforts inouis pour soutenir son œuvre, car il était désolé et profondément affligé du résultat. Un traître, Caron, négociant en denrées coloniales, qui connaissait bien le commerce des Indes, était venu de Hollande, offrir ses services à Colbert qui l'avait chargé de la direction de la société. Ce misérable fit tous ses efforts pour empêcher la compagnie française de réussir, afin de favoriser celle de la Hollande. On le surnomma : *le perfide Caron.* C'est à lui principalement que le désastre doit être attribué.

Colbert envoya un commissaire extraordinaire pour tâcher de rétablir l'harmonie entre les directeurs de l'entreprise et se rendre compte de la nature exacte des difficultés qui se produisaient à Madagascar et y porter remède. Mais tout fut inutile. Une assemblée générale des actionnaires eut lieu en 1675. Il fut constaté que le total des ventes ne s'était élevé qu'à 4,700,000 livres, en neuf années. Les actionnaires avaient versé 5 millions et le roi 4 millions. Il ne restait plus que 2,500,000 d'actif, tout le reste é ait perdu. On liquida l'année suivante, et le roi devint propriétaire des établissements fondés par la compagnie. En 1682 un arrêt du conseil autorisa le commerce libre avec les Indes orientales. Nos droits à Madagascar datent de cette époque.

Colbert, pour favoriser le commerce, fit construire des routes, réparer celles qui étaient devenues impraticables. Il fit creuser le canal du Languedoc par Riquet. Ce travail considérable fut l'objet de toute sa sollicitude. Depuis longtemps l'on avait fait des tracés du projet de cette œuvre gigantesque. Henri IV et Louis XIII s'en étaient occupés. Ils désiraient beaucoup pouvoir arriver à faire passer les marchandises de l'Océan à la

Méditerranée sans affronter Gibraltar où les navires couraient de grands dangers. En cas de disette, la facilité de faire arriver des chargements de blé de l'Egypte et de la Russie directement en Guyenne et en Languedoc paraissait avoir une grande importance. D'autre part, les vins du Bas-Languedoc arriveraient plus aisément vers la Guyenne et le Limousin, qui pouvaient en manquer. En 1663, Riquet, seigneur de Bonrepos, originaire de Provence, employé dans l'administration des gabelles, excellent géomètre, s'occupait de faire dans ses propriétés de la Montagne-Noire des travaux de canalisation. L'idée lui vint de pratiquer en grand ses travaux de canalisation, et il étudia très soigneusement le projet d'un canal qui réunirait l'Aude à la Garonne, Cette à Bordeaux, par Toulouse. Il se concerta avec l'archevêque de Toulouse et avec quelques personnages influents, et il les mena visiter avec lui, les localités que le canal devait traverser. Riquet n'avait pas une grande instruction, mais il avait beaucoup de courage, et une fortune importante; il fut l'inventeur, l'entrepreneur et le direc-teur des travaux du canal.

La difficulté principale consistait à amener une quantité d'eau suffisante aux Pierres de Naurouse, point culminant du tracé du canal, pour de là la faire des-cendre, d'une part vers Cette, et d'autre part vers Bordeaux, en alimentant con-venablement le canal. Riquet arriva à rassembler plusieurs ruisseaux de la Montagne-Noire, qu'il n'y eut plus qu'à diriger ensuite sur le point de partage des eaux, lorsque le canal fut exécuté. Colbert eut plusieurs conférences avec Riquet et avec l'archevêque de Toulouse, son protecteur, et l'exécution du canal fut décidée. Les Etats-Généraux du Lan-guedoc promirent de contribuer à la dé-pense, à condition que Riquet ferait d'abord une rigole d'essai. Riquet offrit d'y dépenser 200,000 francs de sa fortune personnelle. Le 25 mai 1665, il vint à Paris, et il obtint de Colbert les autorisations nécessaires à cet effet. Deux mois après, la rigole était achevée et le travail préparatoire avait complètement réussi. La dépense totale du canal fut évaluée à 6,000,000 de livres. Les Etats du Languedoc refusèrent, par la suite, d'y participer. Colbert décida que Riquet serait détenteur en fief du canal, qu'il le construirait, lui-même, à ses frais, et qu'il l'exploiterait à son profit. Un édit fut promulgué en ce sens, en octobre 1666.

Le roi payait les terrains expropriés, la nue propriété du canal lui appartenait, mais Riquet en était le possesseur et l'usufruitier à certaines conditions déterminées à l'avance. Un tarif fut établi par Colbert pour le prix du transport des marchandises. Douze mille hommes furent employés, en même temps, à l'exécution des travaux du canal. En 1672, Riquet fut gravement malade. Colbert, qui avait pour lui la plus sincère affection, lui écrivit la lettre suivante : « L'amitié que j'ai pour vous, les services que vous rendez au roi et à l'Etat dans la plupart des soins que vous prenez et l'application tout entière que vous donnez au grand travail de la communication des mers, m'avaient donné beaucoup de douleur du mauvais état auquel votre maladie vous avait réduit; mais j'en ai été bien soulagé par les lettres que je viens de recevoir de votre fils, du 23 de ce mois, qui m'apprennent que vous êtes entièrement hors de péril, et qu'il n'est plus question que de vous rétablir et de reprendre les forces qui vous sont nécessaires pour achever une si grande entreprise que celle où votre zèle pour le service du roi vous a fait engager, et, quoique cette nouvelle m'ait donné beaucoup de joie, je ne laisserai pas d'être en inquiétude jusqu'à ce que je reçoive de votre main des assurances de votre bonne santé, ne pensez qu'à la rétablir, et soyez bien persuadé de mon amitié et de l'envie que j'ai de procurer à vous et à votre famille des avantages proportionnés à la grandeur de votre entreprise. Je suis tout à vous — Colbert — Paris, ce 30 novembre 1672. »

Colbert fit verser à Riquet 7,484,000 livres, c'est-à-dire la moitié environ de la dépense du canal, non compris les travaux extraordinaires que Riquet exécuta à ses frais, et qui s'élevèrent à près de trois millions, ce qui causa la ruine complète de Riquet.

Le grand ministre de Louis XIV, fit dresser le projet du canal de Bourgogne. Il institua une chambre de commerce composée des plus habiles négociants du royaume et destinée à éclairer le roi sur les besoins et les plaintes du commerce national. Il fit faire une immense enquête par tous les fonctionnaires français, afin d'arriver à connaître les réformes à opérer pour développer l'industrie et le commerce. Il racheta à l'Angleterre la ville de Dunkerque moyennant 5 millions. Mazarin avait été dans la nécessité de céder ce port à Cromwell ; redevenu français, en 1662, cette petite ville devint rapidement l'une des places les plus florissantes de l'Europe.

Colbert favorisa la colonisation de tout son pouvoir. Un groupe très important d'émigrants partit de La Rochelle, et alla peupler Cayenne, un autre se rendit au Canada et construisit Québec. Il autorisa la noblesse à faire le commerce sans déroger, et c'est à partir de cette époque que les villes de Nantes, Bordeaux et Saint-Malo se peuplèrent de familles aristocratiques, qui se livrèrent au commerce avec l'étranger. Dans l'espace d'un mois, 64 grands navires partirent de Saint-Malo pour la pêche de la morue. Les corsaires de Tunis, de Tripoli, d'Alger infestaient la Méditerranée et troublaient la navigation marchande. Colbert envoya des navires de guerre, commandés par Duquesne, bombarder les repaires des barbaresques. Il développa les forces navales de la France, reconstruisit les ports de Toulon, de Rochefort et de Brest. Dunkerque et le Hâvre furent fortifiés, des écoles navales instituées. Les amiraux d'Estrés, Duquesne, Tourville, Jean-Bart, Forbin portèrent haut et loin la gloire du pavillon français.

Le grand ministre de Louis XIV établit, en 1665, une manufacture nationale de glaces dans le faubourg Saint-Antoine, afin de faire concurrence aux fabricants de Venise, dont les produits inondaient la France, il édifia en outre la célèbre manufacture de tapis de Beauvais, en 1664 et en 1667, celle des Gobelins, dans le faubourg Saint-Marceau. Il en confia la direction au grand peintre Lebrun. Il installa, à Saint-Maur, une fabrique d'étoffes précieuses d'or et d'argent. Il favorisa les fabriques de draps d'Elbœuf, d'Abbeville et de Louviers, et les manufactures d'étoffes de soie de Tours et de Lyon.

Sully avait développé l'agriculture, Colbert développa le commerce et l'industrie. Cette dernière surtout lui doit une prospérité qui dure encore. Il y arriva, suivant les idées du temps, en constituant fortement les corporations, en règlementant la fabrication, le mesurage, la qualité des produits, de façon à obliger les manufacturiers à livrer de très bonnes marchandises. En outre, il frappa de droits considérables, à leur entrée en France, les produits des fabriques de l'étranger. On a appelé ce système *le Colbertisme*, c'est le système protecteur. *Les règlements de Colbert sur les manufactures et fabriques du royaume*, de 1664 à 1683, sont au nombre de quarante-quatre. Pour ce qui concerne exclusivement *la fabrication des étoffes*, ils forment quatre gros volumes in-4°. De 1683 à 1739, deux cent trente édits nouveaux furent publiés sur cette matière. Ce fut une règlementation incroyable qui entrait dans tous les détails. Le système de Colbert était de favoriser le fabricant, mais de l'obliger à faire d'excellents produits. Il pensait que le public avait plus d'intérêt à payer un peu cher de très bon drap français que d'acheter à bas prix du drap anglais de qualité inférieure. Dans l'édit d'août 1669, Colbert écrit ce qui suit : « ..... Considérant que les ouvriers des manufactures d'or, d'argent, soye, laine, fil, et des teintures et blanchissages s'estant beaucoup relâchés, et leurs ouvrages ne se trouvant plus de *la qualité requise*, des statuts et règlements ont été dressés pour les restablir dans leur plus grande perfection. » Ce système bon, peut-être, à cette époque, n'est plus en honneur aujourd'hui.

Colbert enleva aux tribunaux ordinaires la connaissance des procès relatifs au commerce et à l'industrie pour en confier l'examen et la solution aux maires et échevins des cités. Ce fut l'origine de nos tribunaux de commerce dont la procédure est très rapide et fort peu coûteuse.

Les *fabricants* français étaient très satisfaits des réformes de Colbert, les *marchands* l'étaient beaucoup moins. Il convoqua les principaux marchands en une assemblée, et les pria de lui indiquer leurs vues sur son administration. Personne n'osait parler : « Messieurs, dit Colbert, êtes-vous muets? — Non, monseigneur, répondit un Orléanais, nommé Hazon, mais nous craignons tous également d'offenser Votre Grandeur s'il nous échappe quelque parole qui lui déplaise. — Parlez librement; celui qui le fera avec le plus de franchise sera le meilleur serviteur du roi et mon meilleur ami. » Alors, Hazon lui dit : « Monseigneur, puisque vous nous le commandez et que vous nous promettez de trouver bon ce que nous aurons l'honneur de vous représenter, je vous dirai franchement que lorsque vous êtes venu au ministère, vous avez trouvé le chariot renversé d'un côté, et que, depuis que vous y êtes, vous ne l'avez relevé que pour le renverser de l'autre. »

Colbert fut vivement froissé de ce reproche, il s'en défendit avec énergie, protestant de ses intentions et de ses efforts. Il invita les autres membres de l'assemblée à parler à leur tour, mais personne ne voulut plus ouvrir la bouche et la séance fut levée.

Colbert s'occupa tout spécialement de la codification des lois relatives au droit civil qui étaient éparses, et que les magistrats eux-mêmes avaient beaucoup de peine à retrouver et à coordonner. Il publia une *Ordonnance portant réformation de la Justice civile*, pour mettre un terme à la diversité des juridictions et des coutumes. Il prit une part active aux conférences et aux réunions des jurisconsultes qui préparaient ce travail considérable. Il éclaira souvent leurs délibérations de ses conseils et de ses lumières, et arriva à faire cesser l'incohérence de la Législation de la France.

En 1669, Colbert publia l'*Edit portant règlement général pour les eaux et forêts.* Cet édit est, encore de nos jours, la base des règlements de l'administration forestière. L'année suivante, il fit paraître l'*Ordonnance criminelle* qui règlementait les matières qui font aujourd'hui l'objet de notre code pénal et de notre code de procédure criminelle. En 1673, Colbert promulga l'*Ordonnance du commerce,* qui a été à peu près reproduite par notre code de commerce actuel. Ce furent là des œuvres de la plus haute importance, et qui, à elles seules, suffiraient pour illustrer un règne. Elles rendirent d'immenses services au pays. En 1667, Colbert créa, à Paris, la lieutenance de police dont les préfets de police du département de la Seine, occupent aujourd'hui la fonction. L'année précédente, il avait organisé l'éclairage permanent de Paris, au moyen de lanternes et le balayage de la ville. Il règlementa les pèlerinages qui donnaient lieu à des désordres et à un libertinage des plus fâcheux, et il interdit à tout habitant de partir en pèlerinage sans l'autorisation de son évêque et du lieutenant-général de sa province. En 1672, il publia une ordonnance règlementant tous les services municipaux de la capitale. Ses prescriptions sont encore en vigueur. Il prit de sévères mesures contre les devins, empoisonneurs, sorciers, Egyptiens, Bohémiens, astrologues qui troublaient le royaume par leurs manœuvres, leurs maléfices, leurs sortiléges, leurs sacriléges et leurs diableries. Les docteurs ès-sciences occultes étaient devenus un véritable danger pour la tranquillité de l'Etat.

L'un des historiens des réformes de Colbert, M. Baudrillard, apprécie de la manière suivante son administration, et rend hommage à ses hautes qualités :

« On trouve un plaisir sévère à suivre pied à pied le ministre qui, suivant l'expression de M. Augustin Thierry « anticipait dans ses plans toute une révolution à venir. » C'est à savoir le règne de l'Industrie et du Commerce, la suprématie de la propriété mobilière, l'abolition des priviléges en matière d'impôt, une juste proportion dans les charges, la diffusion des capitaux par l'abaissement de l'intérét, plus de richesse et d'honneur pour le travail, enfin les miracles de l'économie et la fécondité de l'ordre et de la paix. Ce rigide réformateur, qui parvint à introduire, même à la cour, un peu de lumière dans les ténèbres de ces *Ordonnances de comptant*, ténèbres qu'avait re-

doublées à dessein le cupide génie de
Mazarin, déploya en outre contre les
dilapidations des financiers, une énergie
qu'on serait tenté parfois d'appeler révo-
lutionnaire. Il s'en faut que tout puisse
être au point de vue du droit pur, justifié
dans ces mesures violentes dictées par un
bon motif. Instituer une chambre de justice, chargée de préparer des châtiments
exemplaires, à quiconque sera prévenu
d'avoir malversé dans nos finances et
appauvri nos provinces, contrôler les
fortunes suspectes, depuis les opulents
complices de Fouquet jusqu'au dernier
sergent de la gabelle soupçonné de gains
illégitimes, faire envoyer les traitants en
prison et quelques-uns à la mort, réduire
des deux tiers les rentes de l'Hôtel-de-
Ville, abaisser de 1,000 livres à 300 le
capital des rentes sur les tailles, rompre
tous les marchés de Fouquet, confisquer
les octrois des villes, reprendre les
domaines aliénés, atteindre la racine des

abus en supprimant la charge de surintendant dont l'autorité souveraine en matière de finances, on l'avait vu bien avant Fouquet, était la source de tous les désordres, et faire rentrer cette fonction dans le ressort du prince dont elle n'est plus sortie depuis lors, créer un conseil royal des finances, composé de cinq membres, et chargé d'attributions à la fois étendues et précises, la plupart de ces mesures furent, il faut le reconnaître, de véritables coups d'Etat qui constituaient une terrible inauguration du bon ordre. »

La marine fut tout particulièrement l'objet de l'attention du grand ministre. En suivant l'ordre chronologique, l'on trouve, sur ce sujet, notamment, les ordonnances et règlements suivants :

30 janvier 1668. — Ordonnances portant défenses aux capitaines de quitter leurs vaisseaux, quand ils sont en rade, pour aller coucher à terre.

22 septembre 1668. — Ordonnances

pour l'enrôlement des matelots par classes.

29 mars 1669. — Arrêt du conseil de commerce, concernant les consuls français en pays étrangers.

Mars 1669. — Edit sur la franchise du port de Marseille.

25 février 1670. — Déclaration du roi pour l'Entrepôt-Général dans les villes maritimes.

Juin 1670. — Règlement portant défense aux bâtiments étrangers d'aborder dans les ports des colonies, et aux habitants des dites colonies de les recevoir à peine de confiscation.

21 août 1671. — Ordonnance pour rendre uniformes les poids et les mesures dans tous les ports et arsenaux de la marine

4 novembre 1671. — Ordonnance qui défend de transporter des bœufs, lards, toiles et autres marchandises étrangères des pays étrangers dans les îles.

Août 1673. — Edit pour l'enrôlement des matelots dans toutes les provinces maritimes du royaume.

Août 1681. — Ordonnance de la marine.

Cette célèbre Ordonnance de 1681 est considérée, à juste titre, par tous les hommes de mer et par tous les jurisconsultes comme un chef-d'œuvre. Elle est encore aujourd'hui appliquée dans ses dispositions principales. Toutes les nations maritimes se hâtèrent de copier cette Ordonnance et de l'introduire chez elles.

C'est du ministère du cardinal de Richelieu que datait le premier essai d'organisation de la marine nationale. Gênes, Venise, l'Espagne, la Turquie, l'Angleterre, la Hollande étaient depuis longtemps de beaucoup supérieures à la France à ce point de vue. Le cardinal d'Ossat et Richelieu s'en étaient occupés activement. Richelieu avait publié, en

1628, le code *Michaud,* qui renfermait trente-un articles relatifs à la marine royale, il avait fait réparer les ports et employer de fortes sommes d'argent à la construction de navires, mais par la suite, les troubles de la Fronde n'avaient pas permis d'entretenir la flotte; Mazarin avait eu d'autres préoccupations plus pressantes. Aussi, à l'arrivée de Colbert, tout était à recommencer. Ce fut une de ses gloires d'avoir élevé la France au rang de puissance maritime de premier ordre et d'avoir assuré, par-là, son indépendance et la sécurité de ses colonies. Il encouragea de tous ses efforts la marine marchande, source de bénéfices importants pour les populations du littoral. En 1670 la France possédait 36,000 matelots; en 1683, au moment de la mort de Colbert, elle en comptait 78,000. En 1661, à l'arrivée de Colbert au ministère, la marine se trouvait réduite à 30 bâtiments de guerre, en 1678, elle en possédait

120, en 1683, elle en avait 176 et les chantiers de construction contenaient 32 galères et 68 bâtiments de tout rang à moitié achevés. Il fit construire un lazaret à Toulon. Il établit une école de canonniers et une école d'hydrographes de la marine.

Continuateur de Richelieu pour lequel il avait une admiration toute particulière, Colbert s'attachait à réaliser les vœux du grand ministre, et il le donnait sans cesse comme le modèle à suivre. Cette habitude était poussée à un tel point qu'avant que Colbert n'eut parlé, dans les séances du conseil des ministres, Louis XIV disait en riant : « Messieurs, vous allez entendre M. Colbert nous dire : « Sire, ce grand cardinal de Richelieu pensait, que, etc..... » Mazarin qui avait succédé à Richelieu n'avait pas continué son œuvre ; il était partisan d'une politique de modération vis-à-vis des grands seigneurs et des grands financiers que

Colbert n'admettait pas. Comme le célèbre
cardinal, Colbert était âpre au bien, actif
dans le service de l'Etat, sévère pour
tout le monde et pour lui-même. Les guerres, les famines, les pertes avaient diminué
considérablement le chiffre de la population de la France, qui était alors de
20,000,000 environ. Colbert s'efforça de
l'augmenter. Il donna des primes et des
exemptions d'impôts aux ouvriers qui se
mariaient. Un édit de novembre 1666,
exempta pendant cinq ans, de toute charge
publique, tout Français qui se serait
marié avant l'âge de vingt ans, ainsi que
les ménages qui comptaient au moins dix
enfants. Tout noble qui avait douze enfants touchait une pension de 2,000 livres,
somme importante pour l'époque, et qui
représente environ 10,000 francs par an
de notre monnaie. En 1667, cette faveur
fut accordée à tout habitant de la France.
Le nombre des communautés religieuses
vouées au célibat était considérable,

Colbert défendit à toute communauté nouvelle de s'établir sans autorisation spéciale du roi, et il ordonna la révision des statuts de celles existantes. L'Eglise célébrait un grand nombre de jours fériés, et le travail étant interdit ces jours-là, les ouvriers des villes et des campagnes chômaient deux ou trois jours chaque semaine. Colbert supprima dix-sept fêtes par un seul édit.

L'on a dit souvent que Colbert avait négligé l'agriculture. C'est une erreur. Sully s'en était occupé d'une manière toute spéciale. Le système de Colbert qui consistait à empêcher les produits du sol de sortir de France, à contenir l'exportation des grains était, il est vrai, plus favorable aux villes qu'aux campagnes, mais il faut reconnaître que les ouvriers et les bourgeois des villes s'enrichissaient dans les manufactures protégées par Colbert, contre la concurrence étrangère, il leur devenait dès lors facile de payer largement et de consommer abondamment les denrées, les vins, les légumes, les fruits produits par les campagnes.

Une question fort importante pour les agriculteurs était alors, comme aujourd'hui, la diminution du taux de l'intérêt de l'argent. La terre ne produisant pas de gros bénéfices annuels, et de fortes sommes d'argent étant nécessaires pour l'achat des engrais, du bétail, des instruments aratoires, il est indispensable que les habitants des campagnes puissent emprunter sans être forcés de payer de lourds intérêts.

Colbert le comprit, et il réduisit le **taux** légal de l'intérêt de l'argent. Sully l'avait fixé à 6 0/0, au lieu de 10 et de 12 0/0, Richelieu l'avait réduit à 5 1/2 0/0 ; Colbert le porta à 5 0/0, taux où il est encore aujourd'hui. Il fit commencer l'opération si importante de l'établissement du cadastre du territoire français et au moment de la Révolution de 1789 le Languedoc, la

Provence, le Dauphiné, la Guyenne, la Bourgogne, l'Alsace, la Flandre, le Quercy, l'Artois avaient déjà fait exécuter leurs cadastres. Il défendit de saisir les bestiaux pour le payement des impôts. Il désirait favoriser l'élevage du bétail par tous les moyens possibles. Pour améliorer la race des moutons, il fit venir des béliers de Ségovie et des moutons d'Angleterre de belle venue. Il réorganisa les établissements des haras ruinés par les guerres ; il acheta de magnifiques étalons dans les pays étrangers pour perfectionner les races des chevaux français. Il diminua le prix du sel, dont les paysans faisaient une importante consommation, notamment pour la conservation de la viande du porc, base de l'alimentation animale dans les villages.

Malgré toutes ces bonnes mesures, le commerce des grains étant entravé, l'agriculture souffrit beaucoup. Tantôt Colbert prohibait la sortie des blés, lors-

que la récolte paraissait devoir être
faible, tantôt il autorisait l'exportation,
si la récolte s'annonçait bien. Ces chan-
gements nombreux produisaient un trou-
ble considérable dans les transactions, et
le prix du blé diminua dans des proportions telles que les cultivateurs ne pouvaient vivre du produit de leur travail. Il
faut reconnaître que cette question du
commerce des grains, non encore résolue
de nos jours, soulève les problèmes les
plus difficiles de l'économie politique des
nations. Si le prix du blé augmente, les
ouvriers des villes se plaignent amère-
ment; s'il diminue, les paysans se lamen-
tent. La question est très complexe, et se
rattache à des considérations si nombreuses et si variées qu'il n'est guère
possible d'apprécier exactement le mérite
des reproches adressés au grand minis
tre, par certains économistes d'une école
ennemie de la sienne. C'est l'éternelle
lutte entre les libre-échangistes et les

protectionnistes ! Les libre-échangistes pensent qu'il faut supprimer les douanes, et laisser entrer et sortir tous les produits, toutes les marchandises, toutes les denrées sans leur imposer de droits ni à la sortie ni à l'entrée, qu'il convient de profiter de tout ce qui est produit par tous les pays de la terre.

Avec ce système si généreux, il n'y aurait plus de frontières pour l'agriculture, pour le commerce, pour l'industrie. Tout le produit du travail humain, tout ce que fournit le sol serait le patrimoine commun et universel de l'humanité. Ce système très séduisant et très rationnel en principe, ne serait praticable que si toutes les nations pouvaient se concerter et s'entendre entre elles, afin d'arracher les barrières, de laisser libres tous les passages aux frontières de chaque Etat. Jusqu'à ce moment-là, il sera nécessaire que les gouvernements des nations continuent à se concerter avec leurs voisins, afin de régler pour chaque produit le tarif des droits de douanes, de manière que chaque industrie trouve moyen de vivre dans l'intérieur de chaque Etat, tout en maintenant le prix de son produit indigène, à un chiffre qui soit le plus rapproché possible du prix du même produit chez le peuple voisin qui le vend à meilleur marché.

Malheureusement, il arrive dans la vie des nations, des événements qui ne permettent pas toujours cet équilibre équitable entre voisins. Le plus fort opprime quelquefois le plus faible. C'est, en ce moment même, la situation de la France. Vaincue par le nombre, en 1870, la nation française a été forcée de signer, à Francfort, un traité avec l'empereur d'Allemagne, par lequel la France s'est obligée à laisser entrer par ses frontières tous les produits allemands en ne leur faisant payer, à la douane, que le tarif le lus bas, le tarif appliqué, pour chaque marchandise, à la nation la plus favorisée par les traités de la France avec les autres peuples. De telle sorte que les produits français, lorsqu'ils sont présentés à la douane allemande, sont forcés de payer des droits très élevés, tandis que les produits allemands, lorsqu'ils franchissent la douane française, ne payent que des droits infimes. Il y a là une rupture d'équilibre dans les relations économiques très nuisible aux intérêts de la France, et que seule la force de nos armes paraît pouvoir réparer!

Les partisans de l'autre école économique, les protectionnistes estiment, de leur côté, qu'une nation constitue une personnalité à part, ayant ses besoins, ses impôts, ses nécessités spéciales, qu'elle forme tout indépendant, homogène, autonome qui n'a que faire des produits étrangers, qui doit, autant que possible, se suffire à elle-même, que les frontières des Etats, tant qu'elles existeront, sont

un obstacle sérieux à l'échange des produits ; qu'il convient de consommer chez
soi, le vin, le blé, le bétail, les marchandises nationales, et qu'il faut tâcher de les
produire, sur place, au meilleur marché
possible, pour ne pas être tributaire de
l'étranger ; que les charges des produc-
teurs étant différentes, selon l'organisation intérieure de chaque peuple, elles
produisent des différences très notables
dans les conditions de production, et que
la mission du gouvernement consistant à
répartir également les charges des impôts, il convient surtout de ne les imposer
qu'à ceux qui peuvent le mieux les payer,
de façon à ne pas écraser les produc-
teurs, l'agriculture qui produit, l'industrie qui transforme, le commerce qui
transporte. Pour eux le désidératum,
c'est l'unité économique de chaque peuple et, sans repousser absolument certains produits étrangers que le territoire
national ne pourrait produire dans des

conditions raisonnables de prix de revient, ils pensent qu'il faut s'efforcer de tout récolter, de tout fabriquer chez soi, et si l'on a un trop plein, un excédant de blé ou de vin, les protectionnistes s'en réjouissent, parce que alors le consommateur en profitera et, faisant des économies de ce côté-là, il pourra constituer une épargne et se procurer des meubles, des livres, des objets d'art, des jouissances intellectuelles qui apporteront le confortable dans la maison, et élèveront l'esprit et le cœur de la nation. D'autre part, si le producteur remarque que son pays produit une certaine marchandise en trop grande quantité, les partisans du système protecteur sont d'avis qu'il n'a qu'à modifier son plan d'exploitation. S'il y a trop de blé, en France, il n'y a qu'à faire venir du bétail, s'il y a trop de vin, il faut remplacer la vigne par le mûrier et élever des vers à soie, si les pommes de terre se vendent à trop bas prix, il faut semer à leur place des topinambours et en extraire l'alcool, etc., etc. Telles sont les considérations que font valoir les économistes de chaque école. Elles ont des succès divers, selon les temps et les circonstances

Un troisième système intermédiaire paraît, dans la pratique, préférable à l'un et à l'autre, c'est le système des traités de commerce internationaux. Il consiste à se concerter avec les autres nations, de manière à obtenir d'elles, séparément et pour chaque produit, l'entrée chez elle des marchandises produites à bas prix chez nous, et d'accorder en échange aux étrangers, l'entrée à peu près libre en France, de ceux de leurs produits, qui nous reviennent trop cher à fabriquer.

Colbert était protectionniste, c'était du reste, à son époque, une forme du patriotisme. Les nations se jalousaient, elles n'avaient point, alors, les moyens de communications rapides et peu coûteux qui rendent les échanges aujourd'hui plus faciles qu'il y a deux siècles. Il voulait, comme Richelieu, l'unité nationale à tous les points de vue. L'un de ses historiens rend hommage à ses intentions et à la grandeur de son œuvre dans les lignes suivantes qui s'appliquent à l'universalité de son système :

« Il y a peu d'années encore, il était de mode d'exalter les fondateurs de l'unité administrative de notre pays. Il semble que depuis quelque temps un vent tout contraire souffle sur l'opinion. Toutes les fois que nous apprenons à nos dépens ce que notre système de centralisation a d'excessif, et que nous subissons sous une forme ou sous une autre les conséquences naturelles de notre habitude de tout demander à l'Etat, nous aimons à en accuser Richelieu, Colbert, Louis XIV. Je partage pour mon compte, les doutes qui sont venus à d'éminents esprits sur l'excellence de cette œuvre, laquelle, se poursuivant d'un homme d'Etat à l'autre, presque avec la rigueur d'un syllogisme, aboutit au triomphe complet du pouvoir central par la destruction de tout ce qui faisait ou pouvait faire obstacle ; je conçois qu'on se demande si cette beauté logique de notre histoire, n'est pas payée bien cher ; mais j'ai hâte de le dire ; après avoir lu les deux volumes de M. Félix Joulleau, consacrés à Colbert, le sentiment dont on reste rempli est celui de l'admiration pour l'imposante figure qui remplit à elle seule la première moitié du règne de Louis XIV : Quelque jugement qu'on porte sur la valeur définitive de l'œuvre, la grandeur de l'homme reste intacte ; je m'en réjouis fort pour ma part. Il y a dans le spectacle de la vanité et de l'impuissance des œuvres les plus habilement concertées, quelque chose qui nous humilie sans nous avilir ; rien au contraire n'est plus démoralisant que

le dénigrement systématique qui s'atta
che à l'homme et qui tend à nier partout,
avec la croyance dans le bien, le mérite
de la volonté qui s'y dévoue. »

CHAPITRE III

Colbert pensait que l'un des devoirs du pouvoir central, en France, était de favoriser l'activité nationale sous toutes ses formes. La construction de palais, de bâtiments importants étaient l'un des meilleurs moyens de donner de l'ouvrage aux différents corps de métiers et aux artistes de tout genre. Il y consacra cent soixante-cinq millions, ce qui représenterait aujourd'hui une somme cinq à six

fois plus forte, mais il créa des merveilles
d'architecture et de sculpture. Il s'occupa
d'abord du Louvre. Vieux palais féodal,
alors ; aujourd'hui le plus beau palais de
l'univers. Des constructions avaient été
commencées, Colbert arrêta les travaux
et fit faire un plan nouveau par Claude
Perrault, architecte et, en même temps,
médecin du roi. Louis XIV voulut avant
d'entreprendre une œuvre de cette importance, avoir l'avis et les conseils du
célèbre Bernini, artiste italien, attaché
au palais du pontife romain. Les plans de
Bernini exigeaient la démolition totale de
l'ancien palais du Louvre. Le roi et Colbert s'y opposèrent et les plans de Perrault furent exécutés. Pour indemniser
Bernini, des plans et des projets qu'il
avait, en quelques mois, exécutés à la
cour, Louis XIV lui donna 63,000 livres
comptant, 6,000 livres de pension an-
nuelle et 1,200 livres de pension à son
fils qui l'avait accompagné. La colonnade

du Louvre fut construite. Le splendide château de Versailles, ses jardins, ses parcs, ses dépendances, Trianon, la machine de Marly qui amena les eaux à Versailles, furent édifiés rapidement. Les terrassements considérables qu'il fallut faire, la construction de Versailles et l'ameublement coûtèrent 116,800,000 livres. Les travaux du Louvre et des Tuileries coûtèrent 10,000,000. Colbert n'eut pas voulu faire si grand et si beau, Louis XIV l'exigea. L'Hôtel des Invalides coûta 2,000,000 de livres. Les travaux exécutés à Fontainebleau pour l'embellir coûtèrent 3,000,000 de livres, l'Observatoire de Paris, près de un million. On fit construire les arcs-de-triomphe de la Porte-Saint-Martin et de la Porte-Saint-Denis en souvenir des victoires de Louis XIV, des quais, des boulevards, de nombreuses routes aux environs de Paris. Colbert fit procéder au pavage des rues de Paris, jusqu'alors boueuses et défoncées. Il établit dans les divers quartiers de la capitale, vingt-quatre corps-de-garde qui firent cesser les meurtres et les brigandages nocturnes. Il fit exécuter d'importants travaux au Jardin-des-Plantes, commencés par Richelieu. Il tenait essentiellement à ce que toutes les parties du jardin fussent utilisées d'une manière scientifique, en expériences sur les différentes plantes, en cultures diverses d'arbres, de légumes, de fleurs étrangères, en plantations utiles à la botanique, à la teinture, à la pharmacie. En visitant le jardin, il remarqua un jour que les administrateurs de l'établissement avaient pris une bonne part du terrain pour y planter de la vigne, afin d'en récolter, pour eux-mêmes, les raisins. Furieux, Colbert prit une pioche et arracha les plans de vigne.

Le grand ministre s'attacha tout particulièrement à entretenir dans le pays le goût des lettres et des arts. Avant Mazarin les écrivains, les artistes jouissaient de la considération publique, mais ils étaient pour la plupart dans la misère. Colbert leur donna des pensions annuelles beaucoup plus nombreuses que Mazarin. Chapelain et Costar lui donnèrent une liste des littérateurs qu'il y avait lieu de pensionner. On a retrouvé la copie de l'Etat des pensions de l'année 1663, en voici un fragment :

Au sieur La Chambre, médecin ordinaire du roy, excellent homme pour la physique et la connaissance des passions et des sens dont il a fait divers ouvrages fort estimés. . . . . 2,000 liv.

Au sieur Conrad, lequel sans connaissance d'aucune autre langue que sa maternelle, est admirable pour juger toutes les productions de l'esprit. . . . . 1,500 »

Au sieur Pierre Corneille, premier poète dramatique du monde. . . . . 2,000 »

. . . .

Au sieur Corneille, le jeune, bon poète français et dramatique. . . . . . . 1,000 »

Au sieur Molière, excellent poète comique. . . . 1,000 »

. . . .

Au sieur Godefroi, historiographe du roi. . . . . 3,600 »

Au sieur Vallier, professant parfaitement la langue arabe. . . . . 600 »

Au sieur Du Perrier, poète latin. . . . . 800 »

Au sieur Racine, poète français (âgé de 24 ans). . 600 »

Au sieur Chapelain, le plus grand poète français qui ait jamais été et du plus solide jugement. . . . . . . 3,000 »

Au sieur Mèzerai, histo-
riographe. . . . . 4,000 »

Plusieurs littérateurs étrangers eurent
part à ces largesses.

Le fabuliste La Fontaine, qui avait été
l'ami de Fouquet, ne reçut jamais rien de
Colbert. Le ministre institua l'Académie
des Sciences, celle des Inscriptions et
Belles-Lettres, celle des Beaux-Arts. Il
fut admis à l'Académie française, en 1667.
Il créa l'école de Rome pour les artistes
français. Il rassembla une bibliothèque
considérable qui forme le fonds principal
de la Bibliothèque nationale actuelle.

Toutes les dépenses faites par Colbert
étaient bien peu de choses en compa-
raison de celles de son collègue le ministre de la guerre, Louvois. Les expédi-
tions militaires de Louis XIV ruinaient
la France. Colbert en était très affligé et
se permettait, de temps à autre, quelques observations en présence du monar-
que. Elles étaient très mal reçues et

rudement relevées. Les dures nécessités de la guerre, obligeaient Colbert à trouver continuellement des sommes énormes. Il ne pouvait y arriver. Pendant de longues années, il avait pu satisfaire aux besoins sans cesse croissants des troupes, mais il était à bout, la nation né pouvait plus payer. De graves discussions avaient lieu entre Louvois et Colbert. Colbert voulait éviter les guerres qui ruinent les nations, Louvois voulait faire la guerre pour augmenter le demaine, le patrimoine national. Le roi se prononça pour Louvois. Un soir que Colbert rendait compte selon son habitude, article par article, de toutes les dépenses payées dans la journée, il arriva à la pose de la grille du château de Versailles, qui coûtait, à cause de ses grandes dimensions, une somme considérable. Louis XIV fut étonné de cette forte dépense : « Il y a là de la friponnerie! dit-il, en regardant Colbert. — Sire, répondit le ministre surpris, je me flatte que ce mot ue s'étend pas jusqu'à moi. — Non, répliqua le roi, mais il fallait avoir plus d'attention. Si vous voulez savoir ce que c'est que l'économie, allez en Flandre, vous verrez combien les fortifications des places conquises qui ont été construites par M. de Louvois, ont peu coûté. » Colbert, frappé au cœur par un reproche aussi inattendu que peu justifié, tomba malade. Il souffrait du reste depuis quelque temps de la pierre, et il ne tarda pas à cesser de s'occuper d'affaires.

Colbert était de petite taille, il avait des allures bourgeoises, ses traits étaient assez vulgaires, son abord froid et dur. Mme de Sévigné l'appelait : *le Nord*. Il fronçait souvent les sourcils d'un air redoutable. Il ouvrait ses bureaux à cinq heures et demie du matin, et travaillait seize heures par jour. En arrivant à son cabinet, remarquant les monceaux de documents et de cartons qu'il allait avoir à signer et à examiner, il se frottait les mains d'un air satisfait, comme un gourmet qui va se mettre à table. Son éducation première n'ayant pas été très complète, il se mit à apprendre le latin, puis il se fit recevoir avocat à un âge assez avancé.

« Réduit, par la prépondérance de Louvois dans le conseil, dit M. Augustin Thierry, à la tâche ingrate d'opposer la voie de la raison à ce parti pris d'orgueil, de violence et d'envahissement au-dehors, à la tâche de garder le trésor appauvri contre des demandes toujours croissantes pour les fêtes, les bâtiments de plaisance, l'état militaire en pleine paix, Colbert fléchit par degrés sous la fatigue de cette lutte sans fruit et sans espoir. On le vit triste et on l'entendit soupirer à son ancienne heure de joie, à l'heure de s'asseoir pour le travail; il se sentait à charge dans ce qu'il voulait de bien, dans ce qu'il empêchait de mal, dans sa fran-

chise de langage, dans tout ce que le roi
avait jadis aimé en lui. Plusieurs fois,
après des signes certains de disgrâce, la
forte trempe de son âme et le sentiment
du devoir patriotique le relevèrent encore
et le soutinrent contre ses dégoûts; mais
enfin il y eut un jour où l'amertume de
cette situation déborda, et où le cœur du
grand homme fut brisé. Telle est l'histoire douloureuse des dernières années
de Colbert, années remplies, d'un côté,
par des accès d'activité fébrile, et de
l'autre par ces alternatives d'éloignement
et de retour, de rudesses blessantes et de
froides réparations qui marquent la fin
d'une grande faveur. La tristesse qui
sans nul doute abrégea sa vie, se nourris-
sait de deux sentiments; du chagrin de
l'homme d'Etat arrêté dans son œuvre et
d'une souffrance plus intime. Colbert
aimait Louis XIV d'une affection enthou-
siaste; il croyait à lui comme à l'idée
même du bien. Il l'avait vu autrefois

associé de cœur et d'esprit à ses travaux
et à ses rêves, et supérieur pou. le rang,
son égal en dévouement patriotique; et
maintenant il lui fallait se dire que tout
cela n'était qu'illusion, que l'objet de son
culte, ingrat envers lui, était moins
patriote que lui. C'est dans ce désen-
chantement qu'il mourut; au lit de la
mort, l'état de son âme se trahit par une
sombre agitation et par des mots amers.
Il dit en parlant du roi : « Si j'avais fait
pour Dieu ce que j'ai fait pour cet homme-
là, je serais sauvé deux fois, et je ne sais
ce que je vais devenir. » Une lettre de
Louis XIV, alors malade, lui ayant été
apportée avec des paroles d'amitié, il
resta silencieux comme s'il dormait. Invité par les siens à faire un mot de
réponse, il dit : « Je ne veux plus entendre parler du roi; qu'au moins à présent
il me laisse tranquille, c'est au Roi des
rois que je songe à répondre. » Et quand
le vicaire de Saint-Eustache, sa paroisse,

vint lui dire qu'il avertirait les fidèles de prier pour sa santé : « Non, pas cela, répondit brusquement Colbert, qu'ils prient Dieu de me faire miséricorde. »

Colbert mourut à l'âge de 64 ans, le 6 septembre 1685. Le peuple de Paris le poursuivit de sa haine aveugle jusqu'après la mort. On n'osa célébrer ses obsèques qu'au milieu des ténèbres de la nuit. On l'enterra dans l'église Saint-Eustache, où ses enfants auxquels il laissait une fortune de 10,000,000 de livres, lui firent élever un superbe monument, œuvre du célèbre sculpteur Gérardon.

Le peuple, qui ne se rendait pas compte de l'œuvre de Colbert, et qui accusait toujours les ministres des finances de l'élévation des impôts, ne remarquant pas que ce sont les guerres qui nécessitent l'augmentation des contributions, et que les ministres des finances n'y peuvent rien personnellement, chansonna Colbert, on fit des satires, des pamphlets,

des épitaphes contre sa mémoire. Voici
l'une de ces épitaphes :

> Ci-gît le père des impôts,
> Dont chacun à l'âme ravie,
> Que Dieu lui donne le repos
> Qu'il nous ôta pendant sa vie.

En voici une autre :

Enfin Colbert n'est plus, et c'est vous faire entendre
Que la France est réduite au plus bas de son sort,
Car s'il restait encore quelque chose â lui prendre,
Le voleur ne serait pas mort.

« En lisant ces grossières injures, dit
M. Pierre Clément, dans son *Histoire de
la vie et de l'administration de Colbert,*
une douloureuse réflexion se présente à
l'esprit : au nombre des ministres français dont le nom jette le plus d'éclat dans
nos annales, et qui, à des titres divers,
sont aujourd'hui les plus populaires, il
font placer au premier rang : Sully,
Richelieu, Mazarin, Colbert, Turgot. Et
pourtant quel a été le jugement des con-

temporains sur chacun d'eux? En haine de Sully, le peuple arrache les arbres que ce ministre avait fait planter sur les grands chemins. Richelieu fut détesté du peuple lui-même, qu'il délivra du joug immédiat de ses mille maîtres pour ne lui en donner qu'un seul, moins exigeant et plus éloigné; Mazarin, grand et habile ministre, malgré sa rapacité, fit éclore une bibliothèque de libelles et fut exilé deux fois. On vient de voir comment le peuple jugea Colbert, et le respect qu'il eut pour ses dépouilles mortelles. Enfin, près d'un siècle plus tard, par une étrange et singulière anomalie, Turgot tomba aux applaudissements simultanés du peuple et de la cour! »

Il semble que ce soit la destinée des ministres utiles à leur pays d'être l'objet de l'ingratitude des contemporains. M. Clément ajoute dans une autre partie de son ouvrage : « Le système de Colbert, désigné plus tard sous le nom de Colber-

tisme, de système mercantile ou protecteur, a puissamment contribué sans doute
à mettre la France au premier rang des
nations manufacturières du globe.....
Colbert a été un ministre presque universel, et s'il a commis quelques erreurs
graves, erreurs qui furent en partie le
fruit des préventions et de l'inexpérience
du temps où il a vécu, l'époque qu'il a rem-
plie de son influence n'en sera pas moins,
dans la durée des siècles, une des plus
brillantes de nos annales. En effet, de
1661 à 1683, la France présente un admirable spectacle. Aux tiraillements et
aux désordres nés de cette singulière
révolte, démocratique par la base, féodale
au sommet, qu'on nomme la Fronde, suc-
cède tout à coup l'autorité la mieux
assise, la plus respectée. L'unité du pouvoir, demeurée jusqu'alors, on peut le
dire, à l'état d'abstraction, passe dans les
faits; la centralisation s'organise. Les
finances, cette difficulté incessante de

l'ancienne monarchie, sont administrées par Colbert, avec une probité et une intelligence inconnues depuis Sully; les lois civiles, criminelles, commerciales sont refondues et mises en harmonie avec l'esprit du temps. Comme une autre Minerve, la marine sort toute armée, en quelque sorte, du cerveau de Colbert, et c'est là, sans contredit, le plus beau titre de ce ministre à la reconnaissance nationale. »

Voici le parallèle curieux de Thomas, entre Sully et Colbert. Il convient de ne pas en accepter toutes les appréciations. La critique moderne y a reconnu certaines inexactitudes de détail.

Colbert et Sully, destinés tous deux à de grandes choses, furent élevés au ministère à peu près dans les mêmes circonstances. Sully parut après les horribles déprédations des favoris et les désordres de la Ligue, Colbert eut à réparer les maux qu'avaient causé le règne orageux et faible de Louis XIII, les opérations brillantes, mais forcées de Richelieu, les querelles de la Fronde, l'anarchie des finances sous Mazarin. Tous deux trouvèrent le peuple accablé d'impôts et le roi privé de la plus grande partie de ses revenus ; tous deux eurent le bonheur de rencontrer deux princes qui avaient le génie du gouvernement, capables de vouloir le bien, assez courageux pour l'entreprendre, assez fermes pour le soutenir, désireux de faire de grandes choses, l'un pour la France, l'autre pour lui-même ; tous deux commencèrent par liquider les dettes de l'Etat et les mêmes besoins firent naître les mêmes opérations ; tous deux travaillèrent ensuite à accroître la fortune publique ; ils surent également combiner la nature des divers impôts ; mais Sully ne sut pas en tirer tout le parti possible. Colbert perfectionna l'art d'établir entre eux de justes proportions, tous deux

diminuèrent les frais énormes de perception, bannirent le trafic honteux des emplois qui enrichissait et avilissait la cour,
ôtèrent aux courtisans tout intérêt dans
les fermes ; tous deux firent cesser la
confusion qui régnait dans les recettes et
les gains immenses que faisaient les receveurs ; mais, dans toutes ces parties,
Colbert n'eut que la gloire d'imiter Sully
et de faire revivre les anciennes Ordonnances de ce grand homme. Le ministre
de Louis XIV, à l'exemple de celui de
Henri IV, assura des fonds pour chaque
dépenses ; à son exemple, il réduisit l'intérêt de l'argent. Tous deux travaillèrent
à faciliter les communications ; mais
Colbert fit exécuter le canal du Languedoc, dont Sully n'avait eu que le projet.
Ils connurent tous deux l'art de faire
tomber sur les riches et sur les habitants
des villes les remises accordées aux campagnes ; mais on leur reproche à tous
deux d'avoir gêné l'industrie par des

taxes. Le crédit, cette partie importante des richesses publiques, qui fait circuler celles qu'on a, qui supplée à celles qu'on n'a pas, paraît n'avoir pas été connu par Sully, pas assez ménagé par Colbert. Les monnaies attirèrent leur attention ; mais Sully n'aperçut pas les maux ou ne trouva que des remèdes dangereux ; Colbert porta dans cette partie une supériorité de lumières qu'il dut à son siècle autant qu'à lui-même. On leur doit à tous deux l'éloge d'avoir vu que la réforme du bureau pouvait influer sur l'aisance nationale ; mais l'avantage des temps fit que Colbert exécuta ce que Sully ne put que désirer ; l'un, dans un temps d'orage et sous un roi soldat, annonça seulement à une nation guerrière qu'elle devait estimer les sciences ; l'autre, ministre d'un roi qui portait la grandeur jusque dans les plaisirs de l'esprit, donna au monde l'exemple, trop oublié peut-être, d'honorer, d'enrichir et de développer tous les talents. Sully entrevit, le premier, l'utilité d'une marine, c'était beaucoup en sortant de la barbarie; nous nous souvenons que Colbert eut la gloire d'en créer une. Le commerce fut protégé par les deux ministres; mais l'un voulait le tirer presque entier des produits des terres, l'autre des manufactures. Sully préférait, avec raison, celui qui, étant attaché au sol, ne peut être ni partagé, ni envahi, et qui met les étrangers dans une dépendance nécessaire, Colbert ne s'aperçut pas que l'autre n'est fondé que sur les besoins de caprice ou de goût, et qu'il peut passer avec les artistes dans tous les pays du monde. Sully fut donc supérieur à Colbert dans la connaissance des véritables sources du commerce; mais Colbert l'emporta sur lui du côté des soins, de l'activité et des calculs politiques : dans cette partie, il l'emporta par son attention à diminuer les droits intérieurs du royaume, que Sully augmenta quelquefois, par son habileté à combiner les droits d'entrée et de sortie, opération qui est peut-être un des plus savants ouvrages d'un législateur..... Sully, peut-être, saisit mieux la masse entière du gouvernement; Colbert en développa mieux les détails; l'un avait plus de cette politique qui calcule, l'autre de cette politique des anciens législateurs qui voyaient tout dans un grand principe. Le plan de Colbert était une notion vaste et compliquée, où il fallait sans cesse remonter de nouvelles roues; le plan de Sully était simple et uniforme comme la nature. Colbert attendait plus des hommes, Sully attendait plus des choses; l'un créa des ressources inconnues à la France, l'autre employa mieux les ressources qu'elle avait. La réputation de Colbert dut avoir plus d'éclat et celle de Sully dut acquérir plus de solidité. »

Sans partager complètement les vues de Thomas sur les rapports qui peuvent

exister entre Sully et Colbert, il faut reconnaître que jamais ministre n'avait été
plus que celui-ci, pénétré de l'amour du
bien public, et que son désir d'arriver à
soulager les misères du peuple fut une
des causes de sa disgrâce. La postérité
doit lui en savoir gré. Ses contemporains
le méconnurent parce qu'ils n'étaient
pas pénétrés du souffle démocratique
qui, cent ans plus tard, devait inspirer
aux Etats-Généraux les réformes entre-
vues et commencées par Colbert.

FIN.

TABLE

TABLE

—

FIN DE LA TABLE.

Limoges. — Imp. Eugène ARDANT et Cie.

9 782329 552897